ガイムっち
外務省

財務省
ザイムちゃん

文部科学省
モンカ先生

コクどん
国土交通省

環境省
カンきょん

ボーエざえもん
防衛省

いちばんわかる！日本の省庁ナビ 5

厚生労働省・農林水産省

監修：出雲明子

ポプラ社

省庁って、なんだろう？

内閣

安全保障会議　　人事院　　内閣法制局

防衛省	環境省	国土交通省	経済産業省	農林水産省	厚生労働省	文部科学省
防衛装備庁	原子力規制委員会	気象庁 海上保安庁 観光庁 運輸安全委員会	中小企業庁 特許庁 資源エネルギー庁	林野庁 水産庁	中央労働委員会	文化庁 スポーツ庁

※復興庁は、東日本大震災から10年をむかえる2012年までに廃止されることになっている。

みなさんはニュースなどで、「財務省」や「消費者庁」のような、「省」や「庁」がつく機関の名前を聞いたことはありませんか？ これらの「省庁」は、わたしたち国民が安心してゆたかなくらしを送れるように、さまざまな仕事をおこなっている国の役所です。

日本には、それぞれ役割がことなる内閣府と11の省のほか、さまざまな庁や委員会があります。この「いちばんわかる！日本の省庁ナビ」シリーズでは、各省庁の仕事をわかりやすく解説します。

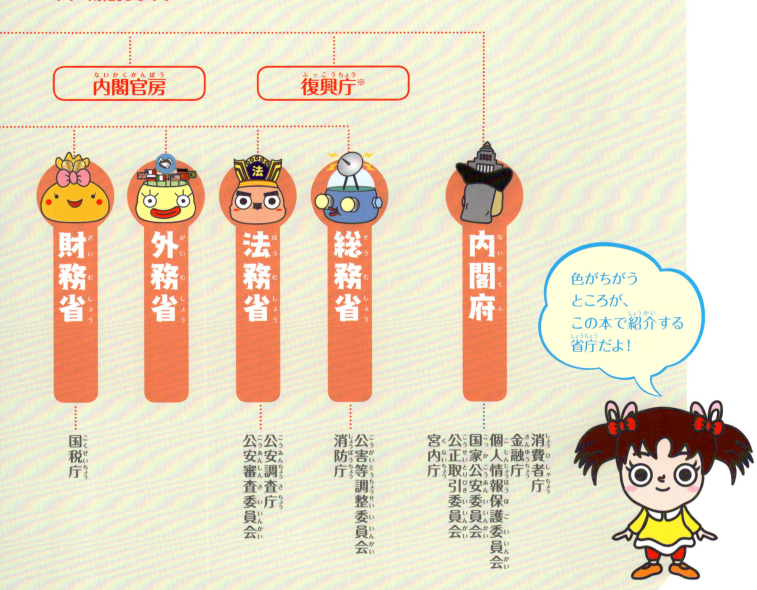

色がちがうところが、この本で紹介する省庁だよ！

いちばんわかる！日本の省庁ナビ 5

厚生労働省・農林水産省

もくじ

省庁って、なんだろう？……2

第1章 厚生労働省の仕事……7

厚生労働省ってどんなところ？……8
医療に関する方針をきめる……10
国民の健康を守るとりくみ……12
医薬品や病院のルールをきめる……14
はたらく人を守る……16
仕事さがしを助ける……18

安心してはたらける環境づくり……20
保険や年金の制度をととのえる……22
そのほかの厚生労働省の仕事……24

資料ページ
厚生労働省 データを見てみよう……26
厚生労働省 なんでも Q&A……29
厚生労働省のこと、もっと知りたいなら……30

第2章 農林水産省（のうりんすいさんしょう）の仕事……31

農林水産省ってどんなところ？……32
食べものをつくる方針（ほうしん）をきめる……34
米・麦・野菜・果物（くだもの）づくりをささえる……36
食肉や牛乳（ぎゅうにゅう）、卵（たまご）の生産をささえる……38
食べものを広くいきわたらせる……40
農家の経営（けいえい）を助ける……42
森林を守り育てる　林野庁（りんやちょう）……44
漁業を守り水産物を管理する　水産庁（すいさんちょう）……46
そのほかの農林水産省（のうりんすいさんしょう）の仕事……48

資料（しりょう）ページ
農林水産省（のうりんすいさんしょう）データを見てみよう……50
農林水産省（のうりんすいさんしょう）なんでもQ&A（キューアンドエイ）……53
農林水産省（のうりんすいさんしょう）のこと、もっと知りたいなら……54
さくいん……55

「わたしが こうろうママよ。みんな、しっかり ついてきてね。」

「わしは ノースイじいだ。なんでも教えて やるぞい。」

こうろうママ（厚生労働省）
きびしくもやさしく、みんなの世話を してくれる。意外とおちゃめ。
趣味：ショッピング
苦手なもの：だらしない人
好きなことば：病は気から！

ノースイじい（農林水産省）
まじめなはたらきもの。話し好きで、 ちょっとせっかちな一面もある。
趣味：釣り
苦手なもの：インターネット
好きなことば：エビでタイをつる

「この巻では、この2人が 教えてくれるんだね！」

「厚生労働省と 農林水産省では、どんな仕事をして いるのかな？」

第1章
厚生労働省の仕事
（こうせいろうどうしょう）

厚生労働省ってどんなところ?

厚生労働省の仕事

健康、安全、労働を管理する役所

人はみんな、生まれるときは赤ちゃんです。大きくなると学校にかよい、おとなになったら一生懸命はたらきます。そして、やがて、おじいさん、おばあさんになります。わたしたちは、まんがやアニメの登場人物のように、ずっと同じ年齢でいるわけにはいきません。年をとりながら生きていきます。

赤ちゃんからお年よりになるまでの長い年月を生きるために、たいせつなものがあります。

まず健康。赤ちゃんが育っていくのにも、おとなが元気にはたらくためにも、すこやかな体が大事です。

次に安全。とくに食べものの安全は、健康な体をつくるためにもとても重要です。

そして、はたらくこと。自分の力で生活するために、仕事は重要なものです。

厚生労働省の仕事

　人がゆたかに生きていくためにたいせつな、健康と安全と労働。これらを守るためのルールづくりの仕事をおこなっているのが、厚生労働省です。
　厚生労働省は、病気やけがをしたときの医療、赤ちゃんの保育、子育て、お年よりの介護など、どの年代の人にも適切なケアがおこなわれるよう、さまざまな制度をもうけています。また、けがをしたときや老後の安心のための、保険や年金の制度づくりも、厚生労働省がおこないます。そして、はたらく人の生活を守ったり、仕事さがしの手伝いをしたり、仕事場の環境をととのえたりするのも、厚生労働省のとても大事な役目です。
　厚生労働省の、いろいろな仕事を見ていきましょう。

医療に関する方針をきめる

病気になったときに近くに病院が1つもなかったら、こまってしまいますね。いつでもどこでもだれでも適切な医療を受けられるよう、厚生労働省はルールをもうけています。

厚生労働省の仕事

平等なルールを定める

AさんとBさんが、同じ病気になったとします。大きな町のAさんは、すぐに入院して手術を受けることができ、1か月で回復しました。一方、小さな町のBさんは、入院も手術もできず、病気が悪くなってしまいました。これは不公平です。

日本では、すべての国民が平等に医療を受ける権利を保障されています。どこに住んでいても、可能なかぎり同じ内容の治療を受けられなければいけません。

そこで、厚生労働省では、すべての国民に同じ治療をすることができるよう、必要な医師や看護師の人数、入院に必要なベッドの数などの基準をもうけ、適切に病院を設置するためのルールをつくっています。

そして、実際にそのルールにもとづいて地域の医療がおこなわれているかをチェックするのも、厚生労働省の仕事です。

医師・歯科医師の数

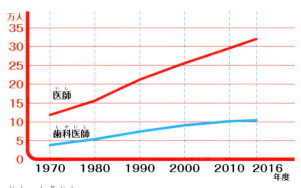

医師・歯科医師ともに人数はふえている。

資料：厚生労働省「平成28年　医師・歯科医師・薬剤師調査」

医療の質をたしかなものに

病院では、医師や看護師のほか、多くの医療の専門家がはたらいています。薬をまぜあわせてつくる薬剤師、レントゲン写真を撮影する放射線技師、病気やけがのあとに体の機能を回復させる理学療法士など、医療の分野にはたくさんの専門的な仕事があります。

どれも、病気をなおしたり、健康を守ったりするための、とても重要な仕事です。こうした仕事をする人たちには、専門知識と一定のレベルの能力がなければいけません。

そこで、厚生労働省では、医療にたずさわる人が、それぞれの専門の仕事について、かならず身につけなければいけない知識や技術を定めています。そして、厚生労働省がおこなう資格試験に合格した人だけが、医療の現場ではたらくことができます。

こうしたしくみによって、だれもが安心してたよれる、医療の専門家を確保しています。

厚生労働省の仕事

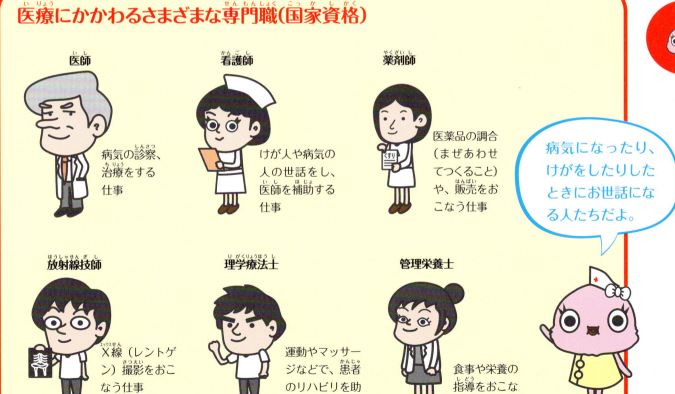

医療にかかわるさまざまな専門職（国家資格）

医師 病気の診察、治療をする仕事

看護師 けが人や病気の人の世話をし、医師を補助する仕事

薬剤師 医薬品の調合（まぜあわせてつくること）や、販売をおこなう仕事

放射線技師 X線（レントゲン）撮影をおこなう仕事

理学療法士 運動やマッサージなどで、患者のリハビリを助ける仕事

管理栄養士 食事や栄養の指導をおこなう仕事

病気になったり、けがをしたりしたときにお世話になる人たちだよ。

国民の健康を守るとりくみ

病気にかからず、ずっと元気で長生きする。そんな理想を実現するため、厚生労働省では、病気をふせぐ方法を考え、広く協力をよびかけています。

厚生労働省の仕事

「生活習慣病」をふせぐ

病気には、努力ではふせげないものがたくさんあります。一方、甘いものの食べすぎやお酒の飲みすぎ、睡眠不足や運動不足、たばこの習慣など、日ごろの生活のしかたが原因でかかる病気もあります。こうした病気を「生活習慣病」といいます。

生活習慣病にかかるのをさけるためには、正しい食事をとったり、生活のリズムをととのえたりすることがたいせつです。

そこで、厚生労働省では、生活習慣病の知識を国民に広め、適切な食事や運動、禁煙にとりくむことを提案しています。一人ひとりが努力することで生活習慣病をふせぎ、みんなが健康で長生きできる社会を目ざしているのです。

おもな生活習慣病

これらの病気は、もともとの体質でなる人もいますが、生活習慣が原因の人もとても多いと考えられています。

高血圧　肥満　がん　心臓病　糖尿病

「感染症」をふせぐ

　冬になると、インフルエンザの流行がたびたびニュースになります。インフルエンザは、目に見えないほど小さな「ウイルス」が原因でおこる「感染症」という病気の一つですが、ほかにもこうした感染症がたくさんあります。

　感染症は、近くにいる人や接触した人にうつることがあるため、患者がどんどんふえます。すると、医療費がたくさんかかったり、仕事や学校を休む人がふえたりするなど、社会に大きな影響が出てしまいます。

　厚生労働省は、感染症の流行をふせぐため、さまざまなとりくみをおこなっています。病院や製薬会社などと協力して、病気の種類や流行時期を予測し、予防接種のワクチンを用意するのは、そうしたとりくみの一つです。

　また、特定の感染症については、病院などから患者数を報告してもらうなどして、情報を集め、管理しています。

厚生労働省の仕事

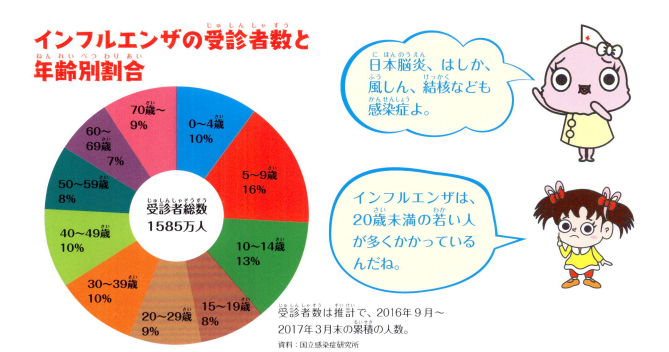

インフルエンザの受診者数と年齢別割合

受診者総数 1585万人

- 0〜4歳 10%
- 5〜9歳 16%
- 10〜14歳 13%
- 15〜19歳 8%
- 20〜29歳 9%
- 30〜39歳 10%
- 40〜49歳 10%
- 50〜59歳 8%
- 60〜69歳 7%
- 70歳〜 9%

受診者数は推計で、2016年9月〜2017年3月末の累積の人数。
資料：国立感染症研究所

「日本脳炎、はしか、風しん、結核なども感染症よ。」

「インフルエンザは、20歳未満の若い人が多くかかっているんだね。」

医薬品や病院のルールをきめる

薬も病院も、病気やけがをなおすためのものです。その役割が十分にはたされるよう、薬の使用や病院での治療には、さまざまな安全対策がもうけられています。

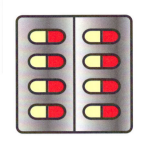

厚生労働省の仕事

薬の安全を守る

なかなかおらない病気にきくという新しい薬が発明されたら、患者は「すぐにつかってみたい！」と思うでしょう。しかし、薬は、だれにでもかならずきくとはかぎりません。その病気への効果はあっても、別の悪い症状をひきおこすこともあります。ほかの薬といっしょに飲んではいけない薬もあります。

こうした薬のとりあつかいについて、厚生労働省はさまざまなきまりをつくっています。薬の販売や使用は、ほんとうに効果があるか、体に悪い影響がないかなどを確認しなければ、許可されません。

麻薬などの有害な薬物の使用は、きびしく禁止されています。また、安全とされている薬も、医師の指示や薬剤師の確認なしでは、手に入れられないようになっています。危険な薬をつかったり、まちがったつかい方をしたりという事故をふせぎ、国民の健康を守っているのです。

医薬品の種類

医療用医薬品		医師の指示（処方せん）が必要。
要指導医薬品		薬剤師から対面で買う。
一般用医薬品	第1類医薬品	薬剤師から買う。
	第2類医薬品 第3類医薬品	薬剤師か登録販売者から買う。

薬は、効能の強さやとりあつかいのむずかしさなどによって、いくつかの種類に分かれている。
登録販売者は、医薬品の知識があり、薬を販売できる資格をもった人。

薬は、たよりになるのと同時にこわいものでもあるのよ。医師や薬剤師に、安全性や効果をよく確認してね。

病院での治療のルール

11ページでもふれたように、医療にかかわる人たちは、国が定めた知識や技術を身につけた専門家です。資格をもつ人だけが、診察や治療をしたり、薬を出したりすることができます。

しかし、資格をもった専門家でも、絶対にまちがわないというわけではありません。医療の現場でまちがいがおこると、患者の健康や命が危険にさらされてしまいます。

厚生労働省では、病院などでまちがいや事故がおきないように、さまざまな対策を提案しています。実際におきた医療事故をくわしく調べて原因をつきとめるしくみをつくり、それをふせぐための具体的な方法を考えてルール化するのも、そうした対策の一つです。また、医療にたずさわる人たちが、はたらきすぎて注意力がなくなったりしないよう、はたらく環境をととのえたり、研修会をひらいたりするとりくみも進めています。

ちょっとした不注意やミスが、人の命にかかわる大きな問題につながるんだね。

患者のとりちがえなどがおきないように、名前を何度も確認したり、入院患者の手首に、患者の情報を読みとるバーコードをつけたりしているよ。

毎年、「医療安全推進週間」をもうけて、医療事故をふせぐためのセミナーなどを開催している。このポスターは、そのとりくみを知らせるためのもの。

厚生労働省の仕事

はたらく人を守る

国民一人ひとりの労働（はたらくこと）は、その人自身やその家族、さらに日本の社会全体をささえるものです。労働者を守ることは、厚生労働省の重要な仕事です。

厚生労働省の仕事

労働者を守るルール

「きみはクビだ！」まんがなどで、このようにあっさりと仕事をやめさせられてしまう場面が出てくることがあります。でも、現実の社会でそんなことがおこったら、労働者（はたらく人）はこまってしまいます。

仕事は、生活に必要なお金を得るためのとてもたいせつなものです。正当な理由もなく仕事をうばわれるようなことがあってはなりません。だれもが安心して、仕事をつづけられる社会でなければならないのです。

日本には、労働者を守る「労働基準法」という法律があります。厚生労働省は、「労働基準監督署」という機関を各地にもうけて、企業が労働基準法にしたがうよう、指導しています。企業に、給料、労働時間などのルールを正しく守らせることで、労働者が安心してはたらきつづけられるよう、ささえているのです。

労働基準法で定められていること

労働時間は、基本的に1日8時間、週40時間まで*。

*仕事の内容やはたらき方によって、例外もある。

8時間

労働者はきめられた時間外や、休日、深夜にはたらいたときは、割増しした賃金を受けとる。

もめごとの解決を助ける

企業の経営者などのやといぬしと労働者のあいだに、もめごとがおこることがあります。給料などの条件に関すること、職場の環境に関することなど、原因はさまざまです。そうしたもめごとは、企業の経営や労働者の生活に直接影響する、深刻な事態につながりかねません。

そこで、おたがいの話し合いでもめごとが解決できない場合に、たよることのできるところがあります。それが、厚生労働省が各都道府県に設置している「労働局」や、さらにこまかくおかれている「労働基準監督署」です。

こうした施設には、労働相談コーナーがあります。やといぬしも労働者も相談することができ、労働関係の法律などにくわしい職員が、無料で話を聞いてくれます。

また、やといぬし、はたらく人、中立の立場の人、それぞれの代表でつくる「中央労働委員会」も、労働時間や給料などをめぐるもめごとの解決をおこなう、厚生労働省に所属する機関の一つです。

厚生労働省の仕事

有休
労働者は、給料をもらえる休暇日（有給休暇）を取得できる。

30日前
やといぬしが労働者を解雇（仕事をやめさせること）するときは、少なくとも30日前に予告しなければいけない。

「仕事をやめさせられてしまって……。」
「わたしが話を聞きましょう。」

労働者はやといぬしにくらべて立場が弱いから、むりやりはたらかされたりしないように、守られているのよ。

仕事さがしを助ける

安定した生活のためには、安心して長くつづけられる仕事が必要です。仕事をさがしている人が、自分にぴったりの仕事にめぐりあえるように、手助けをしています。

厚生労働省の仕事

企業と労働者をむすびつける

生きていくために必要な物を手に入れるため、人ははたらかなければなりません。一方、はたらく人がいないと、企業(きぎょう)もつぶれてしまいます。

この両方を支援(しえん)するために、厚生労働省(こうせいろうどうしょう)は全国にハローワーク(公共職業安定所(こうきょうしょくぎょうあんていじょ))を設置(せっち)しています。ハローワークでは、はたらき手を必要とする企業の情報(じょうほう)を集め、仕事をさがす人に紹介(しょうかい)しています。仕事をさがしている人は、各企業(かくきぎょう)の仕事内容(ないよう)や給料などの条件(じょうけん)を検討(けんとう)して、自分にあった仕事をえらぶことができます。

職業紹介(しょくぎょうしょうかい)サービスには民間で運営(うんえい)されているものもありますが、こうしたサービスをおこなうには、厚生労働省(こうせいろうどうしょう)の許可(きょか)が必要です。厚生労働(こうせいろうどうしょう)省は、はたらきたい人が安心してよい仕事に出会えるよう、環境(かんきょう)をととのえているのです。

ハローワークは、仕事をやめた人が雇用(こよう)保険(ほけん)(→22ページ)の給付金(きゅうふきん)をもらうときの窓口(まどぐち)にもなっているよ。

実際(じっさい)の窓口(まどぐち)だけでなく、ホームページ上で条件(じょうけん)を入力して、企業(きぎょう)を検索(けんさく)することもできる。

はたらくための技能をやしなう

近年、どのような仕事でも、コンピュータをあつかう技術が必要になってきました。また、お年よりの世話をするには「介護士」、自動車の整備には「整備士」など、資格が必要な仕事もあります。

こうした技術や資格は、就職したあとに勉強して身につけることもできますが、もともと知識や資格のある人なら、企業はあらためて教育しなくてすむので、採用されやすくなります。

そこで、厚生労働省では、仕事をさがしている人が必要な勉強をできる、「ハロートレーニング」という職業訓練制度をもうけています。ハロートレーニングには、仕事の分野ごとにさまざまなコースがあり、それぞれの仕事で役に立つ内容の授業や研修を、無料で受けることができます。

資格を取得しておけば、仕事をはじめてからもよりよいはたらき方ができる可能性が広がります。技術や知識を身につけるチャンスをつくることで、労働者にも企業にもプラスになるよう、手助けしているのです。

厚生労働省の仕事

専門的な技能を身につければ、いろいろな仕事の役に立つね。

機械の操作を学ぶハロートレーニングの職業訓練のようす。
出典：厚生労働省ホームページ

安心してはたらける環境づくり

家庭での子育てや介護と、会社などでの仕事の両立はたいへんです。厚生労働省は、はたらく人のかわりに子育てや介護をする施設をもうける手助けをするなど、社会をささえています。

厚生労働省の仕事

子育てと子どもへの支援

ニュースなどで、「待機児童」ということばを聞いたことがあるでしょうか。保育園に入園できず、空きが出るのを待っている子どもたちのことです。両親がともばたらきなどで家庭での子育てがむずかしい場合、保育園などがあずかって子どもを育てます。ところが、近年、都市部を中心に、保育園の数が足りなくなっているのです。

厚生労働省では、保育園を運営するために必要な保育士の数や面積の基準をきめています。また、実際に保育園を運営しているのは、おもに市区町村ですが、厚生労働省は、国の土地を活用したり、お金を出したりして市区町村を支援し、保育園などをふやすとりくみを進めています。

さらに、子育て中の家庭の負担を軽くするためのお金なども出しています。

保育園などの数の移りかわり

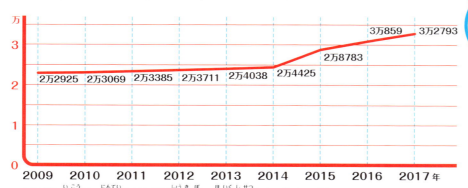

2015年以降は、認定こども園や小規模の保育施設などの数もふくむ。
資料：厚生労働省「保育所関連状況取りまとめ（平成29年4月1日）」

最近は、保育園と、教育をおこなう幼稚園の両方の機能をもった「認定こども園」などもふえているよ。

だれもが幸せに生きられる社会に

日本は、世界でもっとも国民の寿命が長い国の一つで、平均年齢は男女ともに80歳をこえています。しかし、年をとって手足が不自由になったり、病気にかかったりする人も少なくありません。

そうしたお年よりのくらしをささえるのも、厚生労働省です。厚生労働省は、介護施設の設置を支援し、お年よりが安心して介護を受けることができるようにしています。また介護にかかる費用をみんなで分担するための保険制度を管理するなどして、国民の老後の生活を守っています。

また、障がいのある人が適切なケアを受けられるしくみを管理し、仕事をしたり地域と交流したりする機会も提供しています。

おもな国の平均寿命

	男	女	調査時期
日本	80.98	87.14	2016年
南アフリカ	53.5	57.2	2009年
アメリカ	76.4	81.2	2014年
ブラジル	71.9	79.1	2015年
中国	73.64	79.43	2015年
インド	66.9	70.0	2011-2015年
韓国	79.0	85.2	2015年
タイ	71.6	78.4	2015年
ドイツ	78.18	83.06	2013-2015年
ロシア	65.29	76.47	2014年
イギリス	79.09	82.82	2013-2015年
オーストラリア	80.4	84.5	2013-2015年

資料：厚生労働省「平成28年　簡易生命表」

厚生労働省の仕事

お年よりや障がいをもつ人が自立できるように、生活に必要なお金を提供したり、仕事につく訓練をしたりする制度もあるのよ。

お年よりのくらしの世話をする、介護職員。

保険や年金の制度をととのえる

きちんとはたらいていても、思いがけずたくさんのお金が必要になって、こまってしまう場合もあります。そんなとき、わたしたちを助けてくれるしくみがあります。

厚生労働省の仕事

「もしも」にそなえる

人生には、いろいろな「もしも」が考えられます。「もしも、病気にかかったら」「もしも、会社が倒産したら」……。今、健康で元気にはたらいている人にも、「もしも」の可能性はあります。

そんな「もしも」のときに生活をささえる方法として、「保険」という制度があります。ふだんから、はたらくみんなで少しずつお金を出しあってためておき、「もしも」がおこってしまった人が、その中から必要なお金をつかえるというしくみです。

厚生労働省は、「もしも」のときにも安心して生活ができるよう、みんなで協力するいろいろなしくみをととのえています。

厚生労働省が管理するおもな保険

健康保険
病気やけがをしたときに治療にかかるお金の負担を軽くできる。

介護保険
年をとってケアが必要になったときに負担を軽くできる。

雇用保険
仕事をやめてから、再就職までの生活費を一定期間もらえる。

※国民健康保険、介護保険の実際の運営は、市区町村がおこなっている。

最近ははたらく世代がへって、保険料をおさめる人もへっているので、保険金のつかい方にもくふうが必要になっているのよ。

老後にそなえる

病気やけがは「もしも」ですが、かならずおきることもあります。「年をとる」ということがそうです。人はだれでも、かならず年をとります。

会社や役所には「定年」があって、きまった年齢になると仕事をやめることになります。また、定年はなくても、年をとるとだんだんはたらくのがむずかしくなります。

仕事をやめると、収入がなくなります。そうしたら、どうやって生活をしていけばよいのでしょうか？

年をとって収入がなくなったあとの生活にそなえる制度に、「年金」があります。はたらいている何十年ものあいだ、毎月少しずつ保険料としてお金をおさめておき、仕事をやめたあと、今度は反対に、毎月分のお金を受けとることができるというしくみです。

厚生労働省の仕事

厚生労働省が管理する年金

厚生年金
企業ではたらく人が加入する年金。会社などが、保険料の一部を負担してくれる。

国民年金
自営業などの人もふくめて、20歳以上の国民全員が加入する年金。

年金は、貯金とはちがうの？

貯金だと、お金の価値がかわったときも金額はかわらないんだよ。年金は、物の値段や給料の上がり下がりなど、お金の価値の変化に応じた金額をもらえるよ。

そのほかの厚生労働省の仕事

厚生労働省の仕事

感染症の研究

冬になると、インフルエンザが流行します。インフルエンザにはいくつかの種類がありますが、それぞれにワクチン（予防のための薬）もあり、ある程度感染をふせぐことができます。ところが、新型のインフルエンザが出てくると、予防できず、大流行してしまうことがあります。

こうした新型インフルエンザをはじめ、予防法や治療法が確立していない感染症の研究を進めることが、とても重要です。研究は、厚生労働省の研究機関である国立感染症研究所が中心になっておこないます。

国立感染症研究所は、医療施設からの問い合わせへの対応や、外国の研究機関と協力して感染症の流行をふせぐはたらきもしています。

国立感染症研究所が研究を進めている、新型インフルエンザの顕微鏡写真。
出典：国立感染症研究所ホームページ

2009年には、世界中で新型インフルエンザが流行し、大きな問題となった。写真は、新型インフルエンザのワクチン製造のようす（ロシア）。

すでに治療薬がある感染症でも、きかなくなることがあるので、研究をつづける必要があるのよ。

病気の侵入をくいとめる

　日本にやってくる外国の人の数、また外国へ行く日本人の数は、年ねんふえています。食べものや生活用品など、海外からもちこまれる物もたくさんあります。

　そうした海外との人の行き来、物の出入りの際に心配なのが、もともと日本になかった病気や生きものの侵入です。原因や治療法のわからない病気にかかると、命にかかわる場合があります。また、海外の生きものは、日本の自然環境のバランスをくずしてしまうことがあります。

　そうした事態をふせぐために、厚生労働省は港や空港を中心に各地に「検疫所」をもうけています。検疫とは、病気を調べるという意味です。日本に入国してくる人が病気にかかっていないか、貨物などに望ましくない生きものがふくまれていないかを調べているのです。

高齢化社会にむけて

　21ページで見たように平均寿命が80歳をこえる一方で、日本は生まれる子どもの数がへっています。人口がへっていくと、介護の必要なお年よりのお世話をする人の数や、そのためのお金が足りなくなることが心配されています。

　こうした高齢化社会の課題に対して、厚生労働省はさまざまなとりくみをおこなっています。たとえば、年をとっても自分で動ける体づくりのための運動教室を支援したり、食事の方法を紹介したりしています。また、歯の健康が、体全体の健康に影響することから、歯科検診を積極的にすすめています。

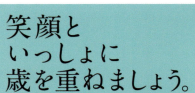

お年よりが元気だと、社会全体も元気でいられるんだね。

厚生労働省の仕事

パンフレットなどを通じて、年齢を重ねても健康をたもてるように、正しい食事や適度な運動をすすめている。

厚生労働省　データを見てみよう

厚生労働省は、国民の健康なくらしを守るため、病気への対策やはたらき方を考える省です。さまざまなデータを見てみましょう。

日本人の死亡原因

すべての生きものと同じように、人間も、年齢を重ねるといつかは亡くなります。

21ページで見たように、日本は世界有数の長寿国ですが、平均寿命が短かった昔にくらべると、死亡原因も変化しています。かつて、死亡原因でもっとも多かったのは「結核」という感染症でしたが、治療薬の発達などで、その数はへりました。

現在は、がんや、心臓、脳の血管の病気で亡くなる人が多くなっています。

日本人のおもな死因の移りかわり

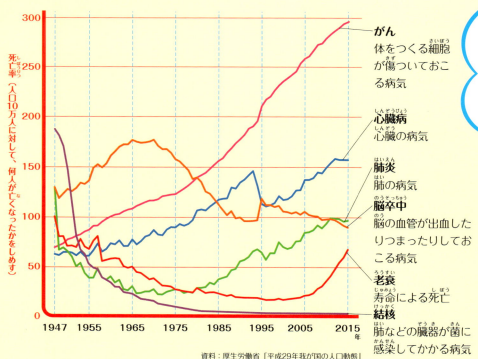

資料：厚生労働省「平成29年我が国の人口動態」

がんや心臓病は、年齢が高くなるほどかかりやすい病気なので、長生きする人が多くなるとふえていったのよ。

日本人ははたらきすぎ？

はたらきすぎが原因で亡くなってしまう「過労死」という日本語が、そのまま外国でも通じるほど、「日本人ははたらきすぎ」と、よくいわれます。

しかし、日本人の労働時間は、年ねんへってきています。これは、労働者を守るさまざまなしくみがととのって長時間の労働がへったことや、休日がふえたことが大きな理由だと考えられています。

一方で外国とくらべると、日本の労働時間は、それでも長い方だといえます。労働者を守るしくみがよりととのっているヨーロッパの国が、労働時間が少ない傾向にあるようです。

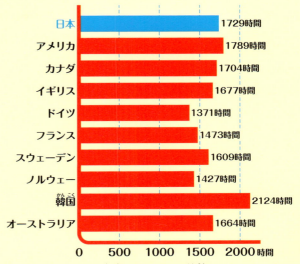

おもな国の労働時間（2014年）

国	時間
日本	1729時間
アメリカ	1789時間
カナダ	1704時間
イギリス	1677時間
ドイツ	1371時間
フランス	1473時間
スウェーデン	1609時間
ノルウェー	1427時間
韓国	2124時間
オーストラリア	1664時間

1人あたりの、年間の実際の労働時間の平均をしめす。
資料：労働政策研究・研修機構「データブック国際労働比較2016」

厚生労働省の仕事

日本よりも、もっと長い時間はたらいている国もあるんだね。

日本人の労働時間の移りかわり

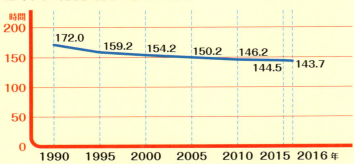

1990: 172.0
1995: 159.2
2000: 154.2
2005: 150.2
2010: 146.2
2015: 144.5
2016: 143.7

5人以上の事業所の、1か月あたりの実際の労働時間の平均をしめす。
資料：厚生労働省「労働統計要覧」（平成28年度）

約30年で、日本人の1か月の労働時間は、30時間くらいへったよ。

心配される年金問題

国民がはたらくことがむずかしい年齢になっても、不自由なく生活を送るための「年金」（→23ページ）の運用は、厚生労働省のたいせつな役目です。しかし、近年、この制度が将来的につづくのか、心配されています。

年金は、若い世代が少しずつお金を出しあってお年よりのくらしをささえるしくみです。しかしこれからの日本は、若い世代の数がへって、お年よりの割合がどんどんふえていきます。年金をはらう人にくらべて受けとる人が多くなるので、はらう人の負担がどんどん大きくなってしまうのです。

これからの時代にあった年金のしくみを考えることは厚生労働省だけでなく、国全体にとっても大きな課題だといえます。

年金をもらう人の数は年ねんふえていて、これからはさらにふえるスピードが上がると考えられているよ。

公的な年金を受けとる人の数

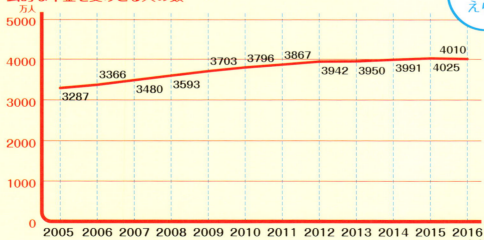

年度	万人
2005	3287
2006	3366
2007	3480
2008	3593
2009	3703
2010	3796
2011	3867
2012	3942
2013	3950
2014	3991
2015	4025
2016	4010

国民年金、厚生年金などをもらった受給者の数をしめす。
資料：厚生労働省「厚生年金保険・国民年金事業年報」

厚生労働省　なんでもQ&A

これまでのページで学んだこと以外にも、厚生労働省についてのいろいろな疑問をたずねてみましょう。

厚生労働省は、いつ、どうやってできたの？

国民の健康や医療を管理する厚生省と、国民のはたらき方を考える労働省があわさって、2001年にできたよ。どちらも、「国民が安心してくらす」ことが大きな目的の役所だから、いっしょになったの。

保育園と幼稚園は、管理する省がちがうってほんとう？

保育園を管理するのは厚生労働省だけど、幼稚園を管理するのは、「教育」を担当する文部科学省。でも、分かれていることには不便な点も多いので、2つを同じようにあつかおうという考え方も出ているのよ。

「労働組合」ってなに？

はたらく人（労働者）は、やといぬしにくらべてどうしても立場が弱いので、みんなで集まって労働組合をつくって、やといぬしと話しあうの。労働組合をつくることは、はたらく人の権利の一つだよ。

保健所って、厚生労働省の役所なの？

保健所は、都道府県（区と市が運営する場合もある）が管理する役所だよ。病気を予防し、国民が健康にくらせるように、という目的は厚生労働省と同じだけど、より地域の現場に近いところで、仕事をしているのね。

厚生労働省の仕事

厚生労働省のこと、もっと知りたいなら

厚生労働省についてさらに深く知りたい人のために、厚生労働省の仕事にかかわる本やホームページ、見学できる施設などを紹介します。

わからないことは、施設の人に問い合わせてみるのもいいね。

オススメの本

くらべてわかる世界地図4
『福祉の世界地図』

藤田千枝／編
赤藤由美子／著
大月書店

今この瞬間にも、病気でなくなってしまう子どもがたくさんいる。命と健康に関する世界のデータをわかりやすく解説している本。

オススメのホームページ

厚生労働省 こどものページ
http://www.mhlw.go.jp/houdou_kouhou/kouhou_shuppan/kids
パズルやクイズを通して、厚生労働省の仕事や、人間の健康について学べる。

おしごとはくぶつかんキッズ
https://www.oshihaku.jp/kids/
人のゆたかなくらしに欠かせない「仕事」。さまざまな企業がどんな仕事をしているのかをわかりやすく紹介している。

オススメの施設

川崎医科大学　現代医学教育博物館
人間の体のしくみや、いろいろな病気の予防法、最新の医療技術などを展示した、世界でもめずらしい医療教育の博物館。
住所：岡山県倉敷市松島577
電話：086-462-1111

一般に公開されている展示室のようす。

昭和館
昔の人びとの努力によって、国民の生活がどのように向上していったかがわかる博物館。厚生労働省が管理している。
住所：東京都千代田区九段南1-6-1
電話：03-3222-2577

第2章
農林水産省の仕事
（のうりんすいさんしょう）

農林水産省ってどんなところ？

農林水産省の仕事

「衣食住」をささえる農林水産省

　大昔、人間は、必要なものは、なんでも自分で用意しました。食べる野菜や木の実は、畑で育てたり、野原や山で集めたりしました。川や海で魚をつかまえ、肉を食べるために狩りをしました。寒ければ、草や木の繊維で服をつくり、木を切りたおして家をつくりました。食べることや着ること、住むことのために、ほとんどの時間をつかう必要があったのです。

　今では、食べるものや着るものはお店に売っていてかんたんに手に入り、住む家も専門家が材料を用意して、建ててくれます。こうした便利なくらしをささえているのが、農業、林業、水産業です。専門の人が、米や野菜をつくったり、ウシやブタ、ニワトリを育てたり、木を植えたり、魚をとったりして、わたしたちのくらしに必要なものをそろえてくれます。

農林水産省の仕事

　農業、林業、水産業をささえて、生産の方針をきめているのが、農林水産省です。日本全体で、なにがどれくらい必要なのかを計算し、食べものや材木が多すぎてむだになったり、少なすぎて足りなくなったりしないよう、コントロールしています。

　また、生産されたものが安全かどうかをチェックし、それが十分にみんなにいきわたるようなしくみづくりもしています。自然を相手にする産業なので、そこで役に立つ情報を提供したり、災害にあったときの援助をしたりするのも、農林水産省です。

　わたしたちみんなの衣食住をささえる仕事に、農林水産省がどうかかわっているか、見ていきましょう。

食べものをつくる方針をきめる

食べものがないと、人間は生きていけません。わたしたちにとってもっとも重要な食べものをつくる計画を立てるのが、農林水産省のたいせつな仕事です。

農林水産省の仕事

食べものの生産ルール

食事は、人が生きるうえでもっともたいせつなことです。ですから、食べものをどうやって得るのかは、国にとっても重要な問題です。

人びとが食べものにこまることがないように、農家などが米や野菜、果物や水産物などを安定して大量に生産できるよう、農林水産省は手助けをしています。ただたくさん生産するというのでなく、どんな食べものを、いつ、どこで、どのようにつくって、それをどう消費していくかも考えています。農家の人や漁師などの生産者のためにルールをととのえて、生産者にお金を出したり、技術の指導をしたりしています。

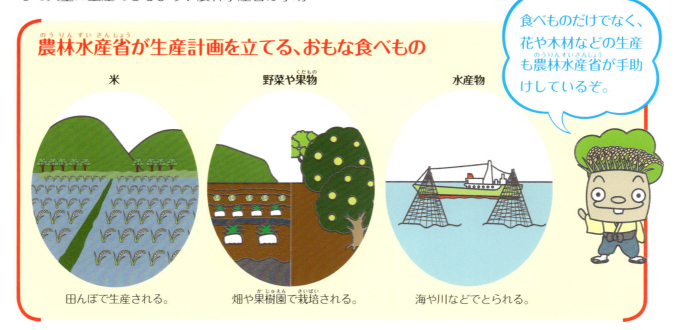

農林水産省が生産計画を立てる、おもな食べもの

米 — 田んぼで生産される。
野菜や果物 — 畑や果樹園で栽培される。
水産物 — 海や川などでとられる。

食べものだけでなく、花や木材などの生産も農林水産省が手助けしているぞ。

変化に対応した農業を考える

　約70年前、日本がアメリカなどと戦った太平洋戦争が終わってしばらくして、日本の人口は急にふえました。同時に、その人口をまかなう食べものの不足が心配されていきました。

　そこで農林水産省は、機械をつかった農業をしやすいように、田んぼを大きくするとりくみを進めます。生産者が、少ない時間で、たくさん収穫できるようにするためです。

　ところがその後、食生活がかわっていくと、米はあまるようになり、生産者はつくる量をへらさなければいけなくなりました。その一方、外国からは「うちの米を買ってほしい」とたのまれるので、米の輸入もふえています。

　このような時代の状況に対応して、食べものの生産のしくみを考えることも、農林水産省の大事な役目です。

農林水産省の仕事

米の1人あたりの年間消費量

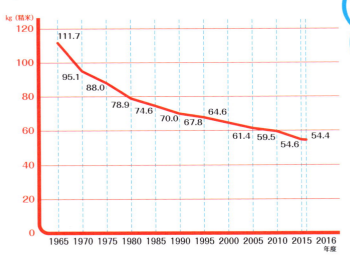

日本人の米の消費量は、1962年をピークに、へりつづけている。

資料：農林水産省「食料需給表」

昔にくらべて外国から入ってくる食べものがふえたから、世界で作物が不作だと、日本も大きな影響を受けるんだ。

パンも好きだけど、日本のお米を食べるのも大事なことなんだね。

米・麦・野菜・果物づくりをささえる

米は田んぼでとれ、麦や野菜、果物は、畑でとれます。これらの作物をつくる農家の人たちを、農林水産省はどのように手助けしているのでしょうか。

農林水産省の仕事

計画的に生産・出荷する手助け

　めずらしくて手に入りにくいものは値段が高くなり、たくさんあってかんたんに手に入るものは安くなる傾向があります。

　農産物も同じです。米や野菜は、足りなくなると値段が高くなって消費者がこまり、たくさんつくられすぎると値段が安くなって、農家のもうけが少なくなります。でも、どのくらいつくればちょうどよいのか、農家の人たちにはわかりません。

　そこで、農林水産省では、まず日本全体で必要な米や野菜の量や輸入される量を計算します。次に、実際につくられる予定の量を計算し、農家に伝えます。各地域の農家などは、これらの量を目安に、生産する量をきめています。

とくに主食のお米は、国が生産量や価格を調整してきたよ。つくりすぎると価格が下がるので、昔は農家に生産をへらしてもらう「減反政策」がおこなわれていたんだ。

お米はみんながたくさん食べるものだから、とくに注意深く管理していたんだね。

新しいとりくみを支援

わたしたちの主食の中心は、昔は米でしたが、現在はパンなどもたくさん食べられています。また、日本にはない食材をつかった外国の料理も、食べる機会がふえてきました。

必要とされる食材の量や種類がかわると、農家は、つくるものや量をかえなくてはいけません。これを「転作」といいます。米をつくっていた田んぼをパンの原料になる小麦の畑にかえたり、野菜や花など、新しいものをつくったりすることになります。

農林水産省は、必要な生産物の種類や量に関する情報提供や、農家が新しい生産にとりくむためのお金の援助などの手助けをしています。

広く親しまれているトマトも、本格的に消費がふえたのは「食の洋風化」が進んだここ数十年のこと。

特産品を根づかせる

地元の農産物を見直し、すぐれたものを「地域ブランド」として広め、積極的に生産、販売していくとりくみがあります。

地域ブランドの人気が定着すれば、地域の農家では、それをたくさん生産して、安定した収入につなげていくことができます。農林水産省では、地域ブランドになるような魅力的な特産品を見つけるためのデータを提供したり、すぐれた農産物として認定したりしています。

群馬県下仁田町の特産品であるネギは、「下仁田ネギ」の名前で全国的に知られている。

農林水産省の仕事

農林水産省では、こうした特産品が地域に根づくよう、あとおしをしているんだぞ。

食肉や牛乳、卵の生産をささえる

農家には、米や野菜などの作物ではなく、動物をあつかう畜産農家、酪農家があります。肉や牛乳、卵などの生産をおこなう畜産をささえるしくみを見てみましょう。

農林水産省の仕事

命を育てる仕事

わたしたちが健康に生きていくためには、さまざまな栄養をバランスよくとることが必要です。中でも、筋肉や内臓をつくるタンパク質は重要です。タンパク質は、ウシやブタ、ニワトリの肉や卵にたくさんふくまれています。

これらの肉や卵をつくる仕事を「畜産」といい、牛乳などの乳製品をつくる仕事を「酪農」といいます。畜産、酪農は、人間の命のために動物の命を育てる、たいせつな仕事です。

農林水産省では、このような畜産や酪農の仕事が安定するように、さまざまな手助けをしています。また、生産された肉や卵、牛乳などが全国各地に安全にとどくよう、しくみをととのえています。

農林水産省の支援の例(酪農の場合)

牛舎の設備を新しくしたり、乳しぼりの機械を導入したりするためのお金の手助けをする。

ウシのえさとなる草などを自分でつくり、環境に気をくばったとりくみをしている酪農家には、支援金を出す。

動物を育てる環境づくり

みなさんの家庭でも、飼っているペットのイヌやネコに食べものをあげたり予防接種を受けさせたりするため、お金や手間がかかっていますよね。でも、畜産や酪農の動物を育てるのは、さらにたいへんです。

ウシやブタのような大きな動物は、たくさん食べるので、お金もたくさんかかります。また、たくさんの数をまとめて飼っているので、感染症などの病気にかからないようにとくに注意が必要です。そのため予防接種をしたり、薬をあたえたりするなど、商品となる動物を育てるのは、たくさんの手間やお金がかかります。

そこで、農林水産省では、家畜用の食べもの（飼料）の値段が上がりすぎないように調整をしたり、動物が病気にかかりにくくなるような研究をおこなったりしています。畜産や酪農をいとなむ人が、安心して動物を育て、必要な量の肉や牛乳を生産できるよう、とりくんでいるのです。

栄養たっぷりで安全な食品になるよう、たいせつに育てなければならないんだぞ。

動物が病気にかかって、広まったらたいへんだ！病気をふせぐためなら、お金がかかるのもしょうがないね……。

農林水産省の仕事

2011年に、鳥インフルエンザが大流行し、全国的な問題になった。家畜が感染症にかかり、広まると、人の命にかかわる重大な問題につながることもある。

食べものを広くいきわたらせる

各地で生産される、たくさんの野菜や穀物、肉や魚。こうした生産物が、安全に効率よく全国の消費者にとどくのは、どのようなしくみがあるからなのでしょうか？

農林水産省の仕事

食料を集め、売り買いする市場

わたしたちは、遠い場所で生産された食料でも、近所のお店で買うことができます。この便利なくらしをささえているのが「市場」で、正式には「卸売市場」といいます。市場は、生産者と消費者のあいだに立って、食料をスムーズにとどける役割をはたしています。

生産者は、野菜や肉などの生産物を、市場に売ります。市場に集まったたくさんの生産物は、食料を販売するお店に買いとられます。そうして買いとられた生産物が、お店で売られて、わたしたち消費者の手元にとどくのです。

農林水産省は、市場の整備や品質管理のルールをつくり、生産者が売りやすく、消費者が買いやすい環境をととのえ、食料を全国にいきわたらせています。

市場があるから、海まで行かなくても、魚が買えるんだね。

食べものがとどくまで

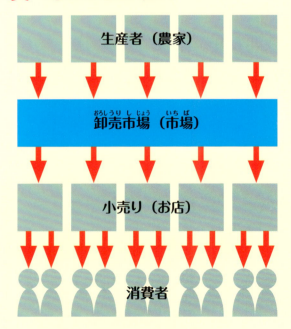

生産者（農家）

卸売市場（市場）

小売り（お店）

消費者

基本的な流通のしくみを、かんたんにしめしたもの。市場で生産物を大量に買い、適切な量をお店に分配する「仲買人」が入ることも多い。仲買人は、生産者と市場のあいだに入ることもある。

新しい流通をささえる

近年、日本では、生まれてくる子どもの数がへってお年よりがふえる「少子高齢化」が進み、今後、国全体の人口もへっていくことが見こまれています。

人口や社会の構造がかわると、食料の流通のしくみも、変化していくことが予想されます。たとえば現在では、宅配便やインターネットなどが普及し、消費者が、手軽に直接、生産者から食料を買うことができるようになりました。そこで農林水産省では、このような取り引きが安全におこなわれるための調査などもおこなっています。

一方、世界には反対に、人口がふえると見こまれている国もあります。とくに、インドや中国といった大きな国で、食料がたくさん必要になってきています。農林水産省は、そうした国に日本で生産された食料をもっと販売しやすくなるように、ルールをととのえています。

農林水産省の仕事

卸売市場のうち、規模の大きなものを「中央卸売市場」といい、全国から農産物や水産物が集められて取り引きされる。写真は神奈川県の横浜市中央卸売市場。

中央卸売市場を新しくつくるときには、農林水産省の認可が必要なんだ。

自分で買いものに行けないお年よりの方なども、安心して食料が買える方法が必要なんだ。

農家の経営を助ける

農業は、天候などの影響を大きく受け、経営がむずかしい仕事でもあります。農家の経営を助けるとりくみには、どのようなものがあるのでしょうか。

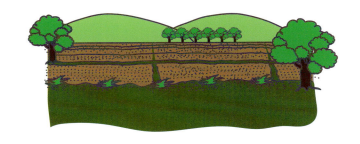

農林水産省の仕事

SAVE 社会に必要なものをつくる手助け

人間が食べる米と、ウシなど家畜が食べる米。どちらも、つくるのは同じくらいたいへんですが、もし、人間の食べる米の方が高い値段で売れるとしたら、どちらの米をつくりたいですか？ 人間の食べる米をつくりたい、という人が多いのではないでしょうか。

でも、だれも家畜用の米をつくらなかったら、家畜を育てる人はこまってしまいますし、家畜の食べものがなくなったら、わたしたちも肉が食べられなくなってしまいます。そのような場合、農林水産省では、家畜用の米をつくる農家に、お金を出すなどの対応をします。

農家を保護することは、農林水産省の大事な仕事です。国民の生活にどうしても必要なものをつくってくれる農家が、損をすることがないように、手当てをしているのです。

必要だが、利益を出しにくい農産物をつくる農家の経営はたいへん。

お金の手助けを受けて、安心して生産にとりくむことができるようになる。

援助はだれでも受けられるのではなく、農林水産省の定めた条件にあっていることが必要だぞ。

田畑を復活させる

今、日本には、なにも栽培されず、ほうっておかれている田んぼや畑がたくさんあります。このような田畑は「耕作放棄地」とよばれ、全国で合計すると、東京都の2倍もの面積になります。

おもな原因は、農業をする人がへっていることや、農家の高齢化が進んでいることです。長く手入れされない土地はどんどん荒れて、作物のできない田畑になっていき、土地の価値も下がってしまいます。

そこで農林水産省は、新しく農業をはじめる人などに、そうした農地を利用してもらうなど、大事な土地を生かすとりくみを進めています。

災害にあった農家を助ける

台風の季節になると、「収穫前の米や果物がみんなだめになってしまった」というニュースを目にしますね。作物だけでなく、ビニルハウスや機械など、必要な設備も大きな被害を受けます。

台風や地震などの自然災害は、農家の人の努力でさけられるものではありません。それなのに、予定していた収入を失い、仕事に必要な設備などをなくしてしまうことがあるのです。

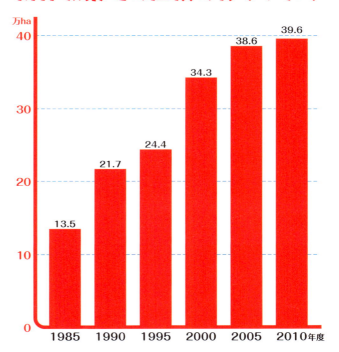

耕作放棄地の面積の移りかわり

耕作放棄地はここ25年でおよそ3倍にふえており、大きな問題になっている。
資料：農林水産省「農林業センサス」

農林水産省では、こうした農家に、お金を出すなどの手助けをしています。支援を受けた農家は、設備を修理したり、機械を新しく買ったりして、農業を再開することができます。

台風の被害にあった果樹園。このような被害に対する援助も、農林水産省がおこなう。

農林水産省の仕事

森林を守り育てる　林野庁

水や空気をきれいにし、くらしにつかわれるさまざまな道具の材料となる木。木をはぐくむ全国の森林を管理しているのが、農林水産庁の中にある林野庁という機関です。

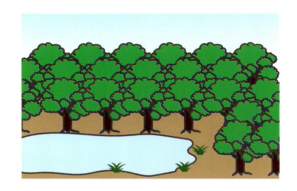

木を守って、くらしを守る

農林水産省の仕事

毎日学校でつかっている、つくえやいす、教科書、ノート、鉛筆。これらには、共通する材料がつかわれています。それはなんでしょう？

答えは木。教科書やノートは紙でできていますが、紙の多くは木からつくられています。わたしたちのくらしに、木は欠かせないものなのです。

木には、ほかにもたくさんの大事な役割があります。たとえば、山の木は、土の中にしっかり根をはることで、土砂くずれなどをふせぎます。そして、山に木がたくさんあることで、土の中にしみこんだ雨水がろ過され、やがて美しい川の水になります。また、木には、地球温暖化の原因になる二酸化炭素を吸収する性質があり、環境を守ることにも役立ちます。

このように人間だけでなく、すべての生きものの命にとって重要な、木の集まる森や林を管理しているのが、林野庁です。

日本は、全国各地にゆたかな森林がある。

日本は、森林の面積が国土の約3分の2もある「森の国」なんだ。林野庁が所有する「国有林」もあるんだ。

森林の活用をおし進める

日本の森林の約40％は、人の手によって育てられた人工林です。住宅や家具の材料にするために、たくさんのスギやヒノキが育てられたのですが、木は育つのに時間がかかります。

近年、日本の社会では、国産の木材をつかうことが少なくなってしまいました。建物はコンクリート造りのものがふえ、安い輸入木材も買えるからです。そのため、人工林の木はあまり切り出されなくなり、林も手入れされずにほうっておかれているところがふえました。

手入れのされない林は、害虫や野生動物がすみつき、周辺の地域に迷惑がかかることがあります。

そして、たいせつな資源として育てられた木もむだになってしまいます。

林野庁では、こうした荒れた人工林を整備するいっぽう、木を活用するための活動もしています。山奥でも林の仕事ができるように道路整備を支援したり、学校の校舎などの公共施設を木造にすることを提案したりするのは、そうしたとりくみの一部です。

栃木県茂木町の茂木中学校では、町有林を活用した木造の校舎を使用している。

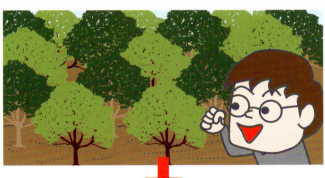

手入れのされない森林は、荒れてしまう。

農林水産省の仕事

花粉症がふえた理由の一つは、花粉症の原因になるスギの人工林がきちんと手入れされていないことではないかといわれているぞ。

思いがけないところにも影響するんだね。ハックション！

45

漁業を守り水産物を管理する 水産庁

日本は、海や川でとれる資源にめぐまれた国です。魚や貝、海藻などの水産物を安心して食べられるように活動しているのが、農林水産省に所属する水産庁です。

農林水産省の仕事

川や海の恵みを管理する

大昔の遺跡から、釣りの道具や貝がらが見つかることがあります。これらの出土品からは、日本の人びとが、はるか昔から、魚や貝などの水産物を食べていたことがわかります。

このごろでは消費量がへりつつあるとはいえ、日本人は、今でも世界でもっともたくさん水産物を食べる国民だといわれています。魚や貝、海藻など、さまざまな種類の水産物は、わたしたちの毎日の食生活、和食という文化の土台になっています。これらの水産物は、漁師が漁をしたり、養殖で育てられたりして、わたしたちのところにとどきます。

水産物の生産量や品質を管理したり、港などの施設を整備したりしているのが、農林水産省の中にある水産庁という機関です。

 水産資源の種類

これらの水産資源は漁業の歴史も古く、たいせつな栄養源として大昔から日本人に親しまれてきました。

 魚　　貝類　　海藻類

> 海や川、湖などからとれる資源のことを「水産資源」というんだ。

水産資源を確保する

「今年はウナギが高い」「今年はサンマが安い」。同じ魚でも、年によって値段がことなります。これは、魚の値段が、魚のとれた量に影響されるためです。たくさんとれると安くなり、少ししかとれないと高くなるのです。

魚や貝は自然の生きものです。とりすぎると数がへり、だんだんとれなくなってしまいます。そこで、水産庁では、川や海で生きる魚、貝などの状態や性質を調べ、その結果をもとに、漁をしてよい時期やとってよい分量を制限しています。

また、魚の子どもである稚魚を放流して数をふやすとりくみもおこなっています。さらに、水産物の養殖の研究を進めて、魚や貝を計画通りに生産することをめざしています。

こうしたとりくみによって、水産物が安定してとれて、いつでもおいしい魚が食べられる日本のくらしを守ろうとしています。

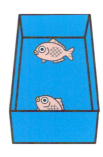

農林水産省の仕事

最近では、日本以外の国でも魚をたくさん食べるようになったので、魚の数をたもつことは、国際的な課題なんだ。

中国でおこなわれる漁のようす。

そのほかの農林水産省の仕事

農林水産省の仕事

生産地に活気をとりもどす

わたしたちの食生活をささえる農家の人や漁師の多くは、地方の山村、漁村でくらしています。こうした地域は、ゆたかな自然に恵まれていますが、その一方、お店や病院、学校などが不十分なところも多く、年ねん、住む人がへっています。このままでは、食料の生産をする人がいなくなってしまうかもしれません。

そこで、農林水産省では、都道府県や市区町村と協力して、地域の「第6次産業化」をすすめています。第6次産業とは、第1次産業（生産）と第2次産業（加工）、そして、第3次産業（流通・販売などのサービス）の3つを組み合わせた産業のことです。生産と加工とサービスを組み合わせて、地域の魅力を引き出し、農村、漁村に人びとを引きよせ、活気をとりもどそうというとりくみです。

少子化、高齢化が進む日本にとって、地域の活性化は重要な課題なんだ。

第6次産業の例

これまではそれぞれの仕事を別の人がになっていましたが、生産者が流通まであわせておこなうことで、くふうしだいでたくさん売れるようになると考えられています。

第1次産業
食料品を生産する。

×

第2次産業
食料品を加工する。

×

第3次産業
流通・販売・観光利用する。

= 第6次産業

食の安心、安全を守る

「このお肉は、どこで生産されたのかな？」「どんな原材料がつかわれているのかな？」。こうした疑問が解決できないと、わたしたちは安心して食べものを食べることができません。

食べものがどこからきたのかを知ることができるしくみの一つに「トレーサビリティー」があります。これは、食べものの移動経路を記録しておくことで、生産された地域や加工された場所を明らかにすることができるしくみです。

また、食品につかわれている原材料などを調べたいときには、食品についているラベルなどの表示が役に立ちます。食品には、しめさなければいけない原材料の基準があるので、アレルギーのある人なども、こうした表示を見れば、自分の食べられない材料がつかわれている食品を見分けることができます。

食品業者がきちんと基準にそって表示しているのかをチェックするのも、農林水産省です。

種類別 ラクトアイス
無脂乳固形分3.1% 乳脂肪分0.5%
植物性脂肪分1.1%
原材料名 乳製品、砂糖、異性化液糖、水飴、植物油脂、りんご果汁、ぶどう糖、還元水飴、リキュール、食塩、香料、安定剤（ペクチン）、酸味料、着色料（アントシアニン、紅花黄）、乳化剤

食品のラベルには、くわしく原材料が表示されている。

農林水産省の仕事

トレーサビリティーのイメージ

最近、食中毒のニュースがあったけどこのお肉は安全かしら？

→

○日にここで出荷されたお肉か！じゃ〜安心ね！

トレーサビリティーって、食べものの足あとをたどるみたいだね。

農林水産省　データを見てみよう

生きていくのにもっともたいせつな「衣食住」を管理する農林水産省の、さまざまなデータを見ていきましょう。

農林水産省の仕事

日本人の食は外国だより？

日本は、国内で消費する食べものなどのかなりの部分を、外国からの輸入にたよっています。農林水産物の、2016年の輸出入の数字を見てみると、約8兆5440億円という輸入額に対して、輸出額は約7503億円。外国に売っている10倍以上、外国から農林水産物を買っているという計算です。

国内で消費する食べもののうち、どれくらいを国産品でまかなえているかをしめす割合を、「食料自給率」といいます。1965年とくらべて、現在の食料自給率はおよそ半分まで下がっています。

日本の食料自給率の移りかわり

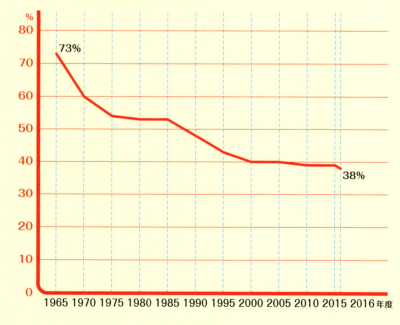

おもな国の食料自給率（2013年）

国	自給率
カナダ	264%
オーストラリア	223%
アメリカ	130%
フランス	127%
ドイツ	95%
スペイン	93%
オランダ	69%
イギリス	63%
イタリア	60%
韓国	42%

※ともにカロリーベース　資料：農林水産省「食料需給表　平成28年度」

農業をする人がへっている

食料自給率を上げるには、日本の農業を活発にすることが必要です。しかし、昔にくらべて、現在は農業の仕事についている人はたいへん少なくなっています。農村から都市に出てはたらく人がふえたことが、大きな理由の一つです。農業をする人がへったことで、田畑の面積もへってきています。

また、高齢化が進んでいることも大きな問題になっています。1970年は、農業ではたらく65歳以上の人は約182万人で、全体の17.8%にすぎませんでした。しかし2016年現在、65歳以上の人の割合は全体の65%にまでのぼっています。

そこで農林水産省は、農業をこころざす若い人に、耕作放棄地（→43ページ）の利用を積極的にすすめるなど、さまざまな手助けをおこなっています。

若い人が、農業をはじめやすいような環境づくりがたいせつなんだ。

農林水産省の仕事

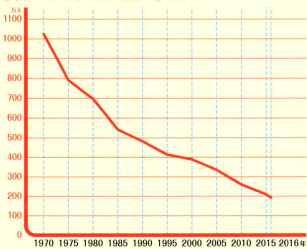

農業ではたらく人の数の移りかわり

資料：農林水産省「平成28年度　食料・農業・農村白書」

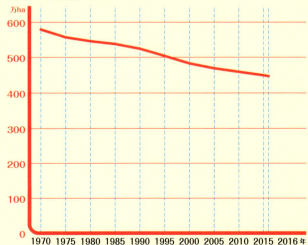

田畑の面積の移りかわり

haは面積の単位で、1ha＝1万㎡にあたる。

資料：農林水産省「平成28年度　食料・農業・農村白書」

農林水産省の仕事

林業、水産業もはたらき手不足

近年、中国やインドネシアなどのアジアの国で、魚などの水産物の消費量がのびています。世界全体の消費量も、1961年から2013年までで、4倍以上になっています。日本は現在でも世界でいちばん魚を食べる国ですが、消費量はへるとともに、水産業ではたらく人も減少しています。

林業も、はたらく人がへっています。高齢化と後継者の不足という農業と同じ問題をかかえ、木材の自給率も低下していました。しかし、林野庁などのさまざまな対策の結果、2002年に18.2％まで落ちこんだ木材自給率は、2016年には34.8％にまで回復しています。

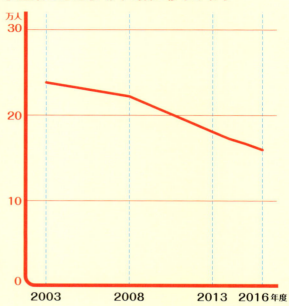

水産業ではたらく人の数の移りかわり

資料：水産庁「平成28年度 水産白書」

林業ではたらく人の数の移りかわり

資料：林野庁「平成28年度 森林・林業白書」、全国森林組合連合会

林業と水産業もとても大事な産業なのに、はたらく人がへっているんだね。

農林水産省　なんでもQ&A

これまでのページで学んだこと以外にも、農林水産省についてのいろいろな疑問をたずねてみましょう。

農林水産省は、いつ、どうやってできたの？

今の農林水産省という名前になったのは、1978年のことだ。それ以前は農林省という名前だったけど、農業、林業、水産業を管理して、国民が食べものなどにこまらないようにするという目的はかわっていないぞ。

「食の安全」にむけた対策をおこなっているのは、農林水産省だけ？

そんなことはない。国民の健康を守る厚生労働省は食品につかってもよい添加物の量をきめ、消費者庁は食品につかわれている原材料をラベルにしめす基準をきめているんだ。

農林水産省の仕事

日本でいちばん多くの米をつくっているのはどこ？

日本の「米どころ」は、東北地方や北陸地方、北海道だ。2017年の生産量1位は新潟県、2位は北海道、3位は秋田県。このトップ3で、日本全体の米の20％以上をつくったんだ。

世界が食料不足になる可能性があるって、ほんとう？

今後人口がへっていくと予測されている日本に対して、世界全体の人口は、ますますふえると考えられている。その人口をまかなうために、より多くの食べものを生産することは、世界的にも大きな課題になっているんだ。

53

農林水産省のこと、もっと知りたいなら

農林水産省についてさらに深く知りたい人のために、農林水産省の仕事にかかわる本やホームページ、見学できる施設などを紹介します。

わからないことは、施設の人に問い合わせてみるのもいいね。

オススメの本

「日本の農林水産業」（全5巻）

すずき出版
後藤逸男ほか／監修

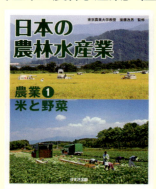

日本の農業、林業、水産業が、将来どうなっていくのかを説明。それぞれの産業についての、くわしい解説ものっている。

オススメのホームページ

農林水産省　こどものためのコーナー
http://www.maff.go.jp/j/kids
クイズやゲームで、楽しみながら日本の農林水産業について学べる。

東北農業研究センター　キッズコーナー
http://www.naro.affrc.go.jp/tarc/contents/kids
米や田んぼ、稲作についてのさまざまな疑問にこたえてくれるQ&Aコーナーがある。

オススメの施設

東京農業大学　「食と農」の博物館
生産者と消費者をむすぶことを目的とした農業博物館。江戸時代後期の農家を再現した展示もある。
住所：東京都世田谷区上用賀2-4-28
電話：03-5477-4033

江戸時代の古民家を再現。　写真提供：東京農業大学「食と農」の博物館

岩手県立農業ふれあい公園
農業科学博物館
江戸時代から現代までの農業の歴史と、農業技術の発展がわかる展示がもりだくさんの博物館。
住所：岩手県北上市飯豊3-110
電話：0197-68-3975

さくいん

あ
医師（いし） …… 11
市場（いちば） …… 40
一般用医薬品（いっぱんよういやくひん） …… 14
医薬品（いやくひん） …… 14
医療安全推進週間（いりょうあんぜんすいしんしゅうかん） …… 15
医療用医薬品（いりょうよういやくひん） …… 14
インフルエンザ …… 13、24
卸売市場（おろしうりしじょう） …… 40、41

か
介護保険（かいごほけん） …… 22
過労死（かろうし） …… 27
がん …… 12、26
看護師（かんごし） …… 11
感染症（かんせんしょう） …… 13、24、39
管理栄養士 …… 11
結核（けっかく） …… 26
検疫所（けんえきじょ） …… 25
健康保険（けんこうほけん） …… 22
減反政策（げんたんせいさく） …… 36
公共職業安定所（こうきょうしょくぎょうあんていじょ） → ハローワーク
高血圧（こうけつあつ） …… 12
耕作放棄地（こうさくほうきち） …… 43、51
厚生省（こうせいしょう） …… 29
厚生年金（こうせいねんきん） …… 23、28
高齢化社会（こうれいかしゃかい） …… 25
国民年金 …… 23、28
国有林 …… 44
国立感染症研究所（こくりつかんせんしょうけんきゅうじょ） …… 24

雇用保険（こようほけん） …… 22

さ
死因（しいん） …… 26
少子高齢化（しょうしこうれいか） …… 41
食料自給率（しょくりょうじきゅうりつ） …… 50
新型インフルエンザ …… 24
人工林 …… 45
心臓病（しんぞうびょう） …… 12、26
水産資源（すいさんしげん） …… 46
生活習慣病（せいかつしゅうかんびょう） …… 12

た
第1次産業 …… 48
第1類医薬品 …… 14
第2次産業 …… 48
第2類医薬品 …… 14
第3次産業 …… 48
第3類医薬品 …… 14
第6次産業 …… 48
待機児童（たいきじどう） …… 20
地域ブランド（ちいき） …… 37
畜産（ちくさん） …… 38
中央卸売市場（ちゅうおうおろしうりしじょう） …… 41
中央労働委員会（ちゅうおうろうどういいんかい） …… 17
定年 …… 23
転作 …… 37
糖尿病（とうにょうびょう） …… 12
鳥インフルエンザ …… 39
トレーサビリティー …… 49

な
仲買人（なかがいにん） …… 40
認定こども園（にんてい） …… 20
年金（ねんきん） …… 23、28
農林省（のうりんしょう） …… 53

は
ハロートレーニング …… 19
ハローワーク …… 18
肥満（ひまん） …… 12
平均寿命（へいきんじゅみょう） …… 21
保育園（ほいくえん） …… 20
放射線技師（ほうしゃせんぎし） …… 11
保険（ほけん） …… 22
保健所（ほけんじょ） …… 29

ま や
木材自給率（もくざいじきゅうりつ） …… 52
薬剤師（やくざいし） …… 11
有給休暇（ゆうきゅうきゅうか） …… 17
要指導医薬品（ようしどういやくひん） …… 14

ら
酪農（らくのう） …… 38
理学療法士（りがくりょうほうし） …… 11
労働基準監督署（ろうどうきじゅんかんとくしょ） …… 16、17
労働基準法（ろうどうきじゅんほう） …… 16
労働局 …… 17
労働組合 …… 29
労働時間 …… 27
労働省（ろうどうしょう） …… 29

監修　出雲 明子（いずも あきこ）

1976年、広島県生まれ。国際基督教大学大学院行政学研究科博士課程修了。博士（学術）。現在、東海大学政治経済学部准教授。専門は、行政学および公務員制度論。おもな著書に、『公務員制度改革と政治主導―戦後日本の政治任用制』（東海大学出版部）、『はじめての行政学』（共著、有斐閣）など。

キャラクターデザイン・イラスト　いとうみつる

編集・制作　株式会社アルバ
執筆協力　根本徹、そらみつ企画
表紙・本文デザイン　ランドリーグラフィックス
DTP　スタジオポルト
写真協力　厚生労働省、アフロ、pixta

いちばんわかる！日本の省庁ナビ 5
厚生労働省・農林水産省

2018年 4月　第1刷発行

【監　修】　出雲明子
【発行者】　長谷川 均
【編　集】　堀 創志郎
【発行所】　株式会社ポプラ社
　　　　　〒160-8565　東京都新宿区大京町 22-1
　　　　　電話：03-3357-2212（営業）03-3357-2635（編集）
　　　　　振替：00140-3-149271
　　　　　ホームページ　www.poplar.co.jp（ポプラ社）
【印刷・製本】　大日本印刷株式会社

ISBN 978-4-591-15729-9　N.D.C.317　55P　25cm　Printed in Japan

落丁・乱丁本は、送料小社負担でお取り替えいたします。小社製作部宛にご連絡ください。電話0120-666-553　受付時間：月～金曜日 9:00～17:00（祝日・休日は除く）。本書のコピー、スキャン、デジタル化等の無断複製は著作権法上での例外を除き、禁じられています。本書を代行業者等の第三者に依頼してスキャンやデジタル化することは、たとえ個人や家庭内での利用であっても著作権法上認められておりません。

全7巻
監修／出雲明子

いちばんわかる！
日本の省庁ナビ

1 **政治のしくみ** N.D.C.310
2 **内閣府・総務省** N.D.C.317
3 **法務省・外務省** N.D.C.317
4 **財務省・文部科学省** N.D.C.317
5 **厚生労働省・農林水産省** N.D.C.317
6 **経済産業省・国土交通省** N.D.C.317
7 **環境省・防衛省** N.D.C.317

- 小学高学年以上　● 各55ページ　● セット N.D.C.317
- A4変型判　● オールカラー　● 図書館用特別堅牢製本図書

★ポプラ社はチャイルドラインを応援しています★

こまったとき、なやんでいるとき、
18さいまでの子どもがかけるでんわ
チャイルドライン®
0120-99-7777
ごご4時～ごご9時　＊日曜日はお休みです
電話代はかかりません　携帯・PHS OK

ナイカくん
内閣府
（ないかくふ）

ソームぴょん
総務省
（そうむしょう）

法務省
（ほうむしょう）
ホームはか

こうろうママ
厚生労働省
（こうせいろうどうしょう）

農林水産省
（のうりんすいさんしょう）
ノースイじい

経済産業省
（けいざいさんぎょうしょう）
ケイサンダー